Gunter Preuß

RÜGENER GESICHTER

©HeRaS Verlag, Rainer Schulz, Göttingen 2017
www.herasverlag.de
ISBN 978-3-95914-145-1

Gunter Preuß

RÜGENER GESICHTER

Inselgedichte eines Festländers

illustriert
von Christiane Knorr

Inhalt

Vorwort	7
Zeitenwende	11
Hellsichtig	12
Fazit	15
Erlösung	16
Fischers Fru	17
Mia Bella	18
Geständnisse	21
Gleichteiler	22
Vogelperspektivisch	23
Verschwiegen	24
Logis	27
Rüber und nüber	28
Wellengang	31
Märchenhaft	32
Mittenmang	35
Kunstreich	36
Netzwerk	37
Abdankung	28
Krux	41
Abgängig	42
Kommandeuse	45
Gezeitenwechsel	46
Nachsage	49
Gemütswechsel	50
Retrospektive	51
Ferne Nähe	52
Dobberworth	55
Rasender Roland	56
Abgemustert	59
Schwanengesang	60
Insel sein	63
Holüber	64
Abschied und Ankunft	65
Biografisches	67

Vorwort

Insel sein, das heißt, Charakter haben,
umkämpft sein und selber kämpfen müssen ...

Ich habe mir im Laufe meines Lebens auf manches Eiland einen Reim machen können. Bevor die Reisefreiheit und anderes errungen und bereits Erreichtes wieder verloren ging, waren es nur die ostdeutschen Inseln Rügen und Usedom und die Halbinsel Darß, auf die ich meinen Fuß zur freiwilligen Robinsonade setzen konnte.

Mein jungfräulicher Eindruck, auf einem vom *Ganzen* getrennten Stück Land zu sein und dem umschließenden Meer zu begegnen, wiederholt sich bei Inselbesuchen noch heute. Vermittelte das erste Mal das Gefühl eines Déjà-vu-Erlebnisses, so ist es in der Wiederholung zur *realen Vertrautheit* geworden. Nicht mehr mit der überwältigenden Intensität empfunden, lässt das Geschehen mich an eine *ewige Wiederkunft* denken.

Ich habe versucht, diese beunruhigende wie ermutigende Empfindung in meinem Roman „Die Gewalt des Sommers" festzuhalten: ... *Dann endlich, nach langem Fußmarsch, den von der Großmutter gepackten Rucksack geschultert, stand der Junge vor dem Meer. Sekundenlang war er wie geblendet. In diesem Augenblick schien sich alles, was eben noch in unzähligen Teilen durcheinanderwirbelte, vereinigt zu haben. Er ballte die Hände gegen dieses Sausen und Schwirren in ihm. Wieder im Gleichgewicht riss er die Augen auf und trank gierig die Weite, das Grün und das Blau. Das alles hatte er so noch nie gesehen, und doch kam es ihm vor, als gehörte es zu ihm. Sein Blick reichte bis zum fernen Horizont. Nur ein in Grautönen fein überlagerter Strich, den wohl kein Mensch so zeichnen konnte, trennte Meer und Himmel voneinander.*

Inzwischen habe ich einige Inselschönheiten kennengelernt. Verschwindend wenige im Vergleich zu der verschwenderischen Vielzahl weltweit. Und ist unsere Erde nicht selbst ein winziges Landstück im großen Nichts, über das wir in unserer gottgegebenen Blasiertheit alles zu wissen meinen und von dem wir doch weitgehend uneingeweiht bleiben. Die Handvoll Inseln, die ich erlebt habe, sind allesamt Persönlichkeiten, sie haben ihre ganz eigene Anmut, sind von besonderem Charisma und eine jede ringt um ihren unverwechselbaren Charakter. Die Wesensart ist überall in der Welt, wo die *Moderne* gefräßig zulangt, in Gefahr und macht auch vor dem kleinsten Eiland nicht halt.

Wäre ich der arme Paris und müsste die Schönste der Göttinnen mit dem goldenen (Zank-)Apfel erwählen, täte ich mich schwer. Weder die versprochene Herrschaft über die Welt noch die geschenkte Weisheit könnte meine Wahl beeinflussen. Nirgendwo verliert man mehr an innerer Freiheit als in der Regentschaft, und eine Weisheit, die ich nicht selbst erworben habe, bliebe doch nur Staffage. Und bringt denn die Liebe der schönsten Frau der Welt, mit der Aphrodite Paris schließlich köderte, einem Mann mehr Glück, als die irgendeiner anderen Frau, die er selbst auch liebt? (Seine Wahl trifft man doch besser mit seinem Herzen. Es irrt zwar ebenso wie der Verstand, aber gerade in der Liebe versagt alle Erfahrung und hilft keine Berechnung. So ernst sie auch werden kann, im Grunde ist sie eine Schwester Leichtfuß, sie kommt und geht, wann und wie sie will. Nun, unser Herz ist zwar nicht verlässlicher, aber ehrlicher als der Kopf.)

Ich mag sie alle, die Inseln, jedes Stück Erde, wie ich auch das Wasser und den Himmel mag. Ich brauche sie zum Ausleben meiner Bewegungsfreude wie für die Stabilisierung meiner Standhaftigkeit und nicht zuletzt zur Besinnung. Ich will ja keiner der Schönen wehtun, nur liebe ich die eine vielleicht doch etwas mehr als die andere. Und, ich sage es frei heraus, obwohl in Liebesdingen aus mancherlei Gründen eher Verschwiegenheit angeraten ist, zwei sind mir besonders ans Herz gewachsen. Jedes

Jahr zur Osterzeit besuche ich meine – nach lebenslanger Liaison – immer noch kühle Rüganerin. Und, wenn der arme Geldbeutel und das kranke Herz es erlauben, bin ich im Herbst in *Gottes eigenem Land* für ein paar Stunden zu Gast bei *o mia bella Capri*, einer so ganz anders gearteten Schönen, die den Süden sozusagen im Blut hat.

Die Südländerin versteht sich schon von jeher auf Nepp, und die Nordländerin lernt hier fleißig dazu. Während Signora Capri eine verhältnismäßig junge Bekannte ist, so war Frau Rügen wohl meine erste, noch unschuldige Liebe, aus der mit den Jahren eine beständige Freundschaft geworden ist. Zu einer Zeit als eine Zugfahrt vom heimatlichen Leipzig bis Stralsund und weiter auf die Insel vom frühen Morgen bis in die Nacht hinein dauern konnte, erlebte ich die Reise noch als prickelndes Abenteuer mit ungewissem Ausgang. Das Ferienlager der „Jungen Pioniere", von selbstverständlicher Einfachheit, inmitten der noch weitgehend ungebeugten Natur, und nicht zuletzt ein zartes weibliches Wesen, zugleich Märchengestalt und wirkliches Menschenkind, schufen ein Sehnsuchtsmotiv, das von nun an mir zugehörte.

Zwischendrin habe ich die Ostgermanin mit dem wechselvollen Lebenslauf durch mancherlei persönliche Dinge aus den Augen verloren, aber nie vergessen. Nach der *Wende* mit dem Gewinn der Reisefreiheit zog es mich erst einmal in andere Länder, die ich bisher nur in der Fantasie begehen konnte. Wiederholt war ich auf dem handbreit großen dänischen Eiland Fanø zu Gast, wo es sich, fern des Rudels, für einen Steppenwolf gut sein lässt. Als mir schließlich der Weg zu weit wurde, aber die Sirenen immer noch von den Inseln riefen, kam mir meine alte Liebe in den Sinn. Was mochte in neuer Zeit aus der alten Dame wohl geworden sein? Nun, wie ich sie antraf, wie sie mir begegnete und ob und was wir uns zu sagen hatten, findet der geneigte Leser und Betrachter in diesem Büchlein.

Gern, meine Schöne, würde ich mein Zelt für immer bei dir aufschlagen. Aber wer weiß, wie lange wir uns dann noch leiden könnten. Nichts währt ewig und alles hat seine Zeit, diese Binsenweisheiten machen Sinn. Je enger wir an etwas heranrücken und je länger die Zweisamkeit andauert, umso mehr braucht es den Abstand, um nicht aneinander zu ersticken. Denn dass aus zweien eins wird, das schafft nur der Augenblick.

Es ist schon ein Segen, irgendwo in der Welt eine Insel zu wissen, der du von Herzen zugetan bist und die dich aufnimmt, entweder in Gedanken oder in Wirklichkeit.

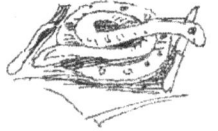

Zeitenwende

Einmal im Jahr, zur Osterzeit,
ist mir's zur Insel nicht mehr weit.
Gestrandet bleib' ich links liegen,
lasse meine Vögel fliegen.

Mal traf ich's weiß, doch auch schon grün,
zwischen Hügeln und Alleen,
zu jeder Stunde will was blüh'n,
nur nicht im Vorübergehen.

Wer Einkehr sucht und Ruhe will,
am Pfenniggrab, da ist es still.
Und stiller noch wird es in mir,
wenn ich mich dann im Wind verlier.

Wer's lärmend mag, der steht bei Sturm
am Meeresufer wie ein Turm
und schreit's hinaus, so weit er kann,
vielleicht hört's einer, dann und wann.

Erfährst Geschichten, dies und das,
von Vergang'nem und von heute,
diesem ist's Ernst und jenem Spaß,
Gott, so sind sie halt, die Leute.

Und ist es dein Wunsch und Wille,
spricht zu dir der Insel Stille.
Vielleicht hörst du dein eigen Wort,
von hier und da oder von dort.

Hellsichtig

Im luftig weißen Binz
saß vorm Kurhaus Frau Hinz
und strickte Pullover.
Klar, vom Festland einer,
Rüganer war´s keiner,
fragt da so ein Doofer:
Stricken Sie Pullover?
Die Hinz nahm Maschen auf,
sah auf den Weltenlauf
und tat kund kurz darauf:
Wusst´, da kommt ein Doofer
und fragt nach Pullover.

Fazit

Zur Seebrücke von Sellin
fahren alle Leute hin;
sie fahren auch wieder her,
doch sie waren dann am Meer.

Erlösung

In Emmas Lädchen von Groß Zicker
kauft Ole sich ´nen spitzen Knicker
und sticht die Aale glatt vom Teller,
schlürft sie vom Schwanz her und im Ganzen,
das rutscht gleich besser und geht schneller.
Im schlingernden Kirchenschiffchen dann
fleht Ole Gott um Vergebung an.
Der ist nicht zu sprechen – oder wat?
Ole ruft: „Jo, Mann, wat sall denn dat?"
Vor der Apotheke in Göhren,
sieht er zwei edle Rösser röhren.
Der Ole stellt sich brav daneben,
kotzt mit den Pferden gottergeben.
Im Bethaus zurück fällt er aufs Knie,
dankt dem Erlöser fürs liebe Vieh.
Wieder im Gehen, weil er´s nun kann,
zündet er dem Sein ein Kerzchen an.

Fischers Fru

Im lütten Fischerdörfchen Vitt
lebt der olle Fischer Klausen,
selbst bei stärkstem Meeresbrausen
wagt er sich mit Schaulmeistrin Gritt
aufs hochgeschäumte Meer hinaus
und fischt die größten Fische raus.
Gritt schmeißt die kleinen wieder rein:
Kiek in, wat sien mutt, dat mut ween,
wat jippelt, is nech girn alleen.

Mia Bella

Westlich, auf 'nen Katzensprung vor Rügen
liegt lang und dünn die Insel Hiddensee.
Im letzten Frühling, ohne zu lügen,
gab's von Osten her meterhohen Schnee.
Das Leuchtfeuer auf dem Dornbusch hatte
gar vornehm eine weiße Krawatte.
Tatsache, von Neuendorf bis Grieben
war nicht mal die Suppe grün geblieben.
Bis auf die Schnuppnäs von Jupp Löbejühn,
neunzig und Fährschiffkapitän a. D.,
wollte nicht Schneeglöckchen noch Krokus blüh'n,
das tat den tausend Hiddenseern weh.
Aus dem Süden kam daher und von weit,
die Deern reist' an im grün-weiß-roten Kleid,
tanzte feurig eine Tarantella,
der Schnee schmolz und alle seggten: Bella!

Geständnisse

Im spacken Juliusruh
da war ich und da kamst du.
Einer sagte: Hör mal zu,
wie das Meer doch still sein kann ...
Bald fing unser Schweigen an.
Manches teiltest du mir mit,
auch die Chose mit Herrn Schmitt.
Du, wie ich doch damals litt.
Ich gestand: Eva-Marie.
Nicht doch, nein, das war doch die?
Was wir da noch erfahren,
das alles war vor Jahren,
die Stille soll´s bewahren.

Gleichteiler

Am Breeger Bodden lebt bejahrt,
örtlich und auf der Brust behaart,
die Vollmatrosin Groot's Hilde,
weit und breit genannt die Wilde.
Für da draußen und's Zuhause
ist die Jolle ihre Klause.
Manchmal stellt sie ihren Wecker,
weil da kommt der Störtebeker.
Die wilde Hilde und der Klaus
supen twee un dree Buddeln aus.
Auf sieben Weltenmeeren dann
steuern sie fremde Küsten an.
Likedeelern auf hoher See
tut weder Kopf noch Herze weh.
Und kehr'n sie mit Gewinn zurück,
jo, welche Freude, welches Glück.

Vogelperspektivisch

Auf Kap Arkona, wo die Slawen,
wie alle andern keine Braven,
vor langer Zeit sich niederließen
und den Gott Svantovit laut priesen,
da stand fest die Burg vom Jaromar,
der hier mal Fürst und ein Raner war.
Das Meer schenkte ihm good Wind, auch Fisch,
doch kam der nicht reichlich auf den Tisch,
kapert' der Fürst im Handumdrehen,
so wie es allezeit geschehen,
das erste und beste Handelsschiff
und steuert' es prompt aufs nächste Riff.
Da hatt' er wieder was zu Beißen
und konnt' auch mal auf Land verreisen.

Heut ist Oma mit dem Enkel hier,
Paulchen trinkt Cola, sie nordisch Bier;
sie mühen sich die drei Türme rauf
und spucken lax auf den Burgwall drauf.

Verschwiegen

Zur Seejungfrau in Dranske
wohnt, seit er in Rente ging,
der Oberlehrer Hanske.
Er speist täglich Hering satt
und lehret mit der Geigen
Fischlein und Kindlein schweigen.
Spät hat er hier erfahren,
wie des Lebens Inhalt ist
in Tönen zu bewahren.
Äußerlich ist er verstummt,
hört nur noch Meeresrauschen,
will lauschen, nichts als lauschen.

Logis

In Thiessow, Zipfel von Mönchgut,
da wehrt sich ein kleines Hotel,
im Winter und bei Sommerflut
hörst du im Gang: *Nu, Moin und Gell.*

Ein gutes Haus braucht keinen Stern,
den lässt man hier am Himmel stehn,
die Ferne ist nicht mehr so fern,
da übt sich Kommen und auch Gehn.

Chef vom Haus, einst selbst auf Reisen,
taugt nicht als Maître de Plaisir,
Dasein muss er nicht beweisen,
nur ein paar Worte da und hier.

Und blickst du nachts hinaus aufs Meer,
findest da draußen noch ein Licht,
ein Lebewohl fällt nicht mehr schwer
was Schemen war bekommt Gesicht.

Rüber und nüber

Jo, im Sassnitzer Hafen
ist in ihrem Koeploden
die Rökerool für immer
auf ewig eingeschlafen.

Die Siw war neunzig Jahre,
kam einst von Schweden rüber
wie eine Meergeborne,
nun liegt sie auf der Bahre.

Bei Gott, alle kannten sie,
keiner wusste, wer sie war;
der greise Jupp seggt leise:
Siw, du, ick verget di nie.

Wellengang

Vor Lohme, auf seiner weißen Jacht,
hat Hannes die Nacht allein durchwacht,
was hat er geweint und was gelacht.

Warum ist ihm nicht klar geworden,
er dachte auch sein Selbst zu morden
mit Stricken von verschied´nen Sorten.

Doch Hannes war davongekommen,
die Zukunft sah er noch verschwommen,
doch dann ist Südwind aufgekommen.

Der Skipper zieht alle Segel auf,
und so weiter geht sein Lebenslauf,
mal ganz nach unten und mal weit rauf.

Hannes hat noch manche Nacht durchwacht,
und in letzter Stund´ auf seiner Jacht,
was hat er geweint und was gelacht.

Märchenhaft

Hinterm Baken, dem Zickerschen Berge,
find´st auch nicht einen der sieben Zwerge,
nur Wasser weit und breit und grüne See,
Regen, mal Sonne und zwischendrin Schnee.
Den Wichten war es leid mit der Schönen,
lassen in Disneyland sich verwöhnen.
Sneewittchen aber hat´s umgetrieben,
angekommen ist sie hiergeblieben
und hat den Mannslüüd ein Märchen erzählt,
nun ist sie mit Fischers Fritze vermählt.
Sie fährt mit ihm morgens auf Hering raus,
 des Abends schenkt sie Bier und Blanken aus.

Wird still die Nacht und der Mond dreht voll auf,
steigst du gemächlich den Baken ganz rauf.
Sitzt du dann oben und schaust hinunter,
müde warst du, jetzt wirst du gleich munter:
Siehst die Fischerin im Bodden baden –
hat die Prinzess doch adlige Waden!

Auch der Spaß geht vorbei und dir wird kalt,
mühst dich nach unten, denkst: Mensch, bist du alt.

Mittenmang

Wenn du in Bergen nichts verloren hast,
so kannst du hier rund ums Jahr was suchen.
In dieser Stadt sind nur Leute zu Gast,
die beständig in der Mitte buchen.

Hügel ab, Hügel auf gehst du dahin,
in Spiralen um die Richtstede rum,
der Markt ist das Ende und auch Beginn.
Auch dem Geduldigen wird´s mal zu dumm.

Versuch´s doch ruhig auch mal umgekehrt,
hast sowieso nichts Besseres zu tun,
siebenhundert Jahre hat´s sich bewährt.
Lauf nur zu, in Bälde darfst du hier ruh´n.

Kunstreich

Zur erlauchten Inselprominenz
zählt auch 'ne Verwandte von dem Benz,
sie braucht gar nichts mehr zu erfinden,
muss sich mit Geldausgeben schinden.
Sonntags dann, befreit von Fron und Brunst,
raubt sie sich die Zeit für Neue Kunst.
In Ekstase malt sie kreuz und quer
das in Liebeslust gepeitschte Meer.
Ein Porträt des Selbst ihr auch gelang
als sie scharfer Geist der Kunst durchdrang.
Zu Vernissagen sie sich gern zeigt,
eine erste Geige dazu geigt,
die Society vom flachen Land
entblößt ihren zarten Kunstverstand.

Zu den ganz Großen gehört sie nun,
kann jetzt mehr noch fürs Gemeinwohl tun.
Kein Esel wird sie noch verkennen.
Wir wollen sie maßgeblich nennen.

Netzwerk

Der Tine aus Sagard war´s nach ´ner Million.
Sie machte sich ran an Gunnar Ivarson.
Gunnar kam grad´ übers Meer von Dänemark,
wollt´ sich umsehen nach ´nem passenden Sarg.
Der alte Gauner hatte die Pinke schon.

Tine brachte den Gunnar wieder in Gang
mit ihrem plattdütschen Sirenengesang.
Der eine verschenkte dem andern sich gleich,
so wurde der andre durch den einen reich.
Die Lüüd seegten: Dat war doch en gooter Fang.

Abdankung

Bin ich dann auf Rügen hier,
stehen dicht in den Alleen
Kastanien im Spalier
und die grünen Fahnen weh´n.

Keine Krone schmückt mich mehr,
mir fehlt es längst an Aussicht,
was randvoll war, ist nun leer,
ich geh hin im Dämmerlicht.

Öffnet sich das schwere Dach
und erreicht ein Lichtstrahl mich,
bin im Augenblick ich wach
und verlier mich nur an mich.

Krux

Ich fuhr oft über der Insel Straßen
durch kurviger Tunnel schattendes Grün,
es roch mir nach Zersetzung und Gasen,
als würde süß und reich der Tod hier blüh´n.
Am Rande Kreuze, ein hölzern Gesteck,
bei Bäumen, blutend, doch ungebrochen,
zurück bleibt im Auge ein blinder Fleck,
aus der Brust hör ich es stotternd pochen.

Abgängig

In der Kreptitzer Heide unterm Vogelzug,
betreibt ein Zugezogner einen Seemannskrug.
Er hütet Geheimes und vertreibt Inselwitz,
sieht sich als Zickenschulzes geist´gen Nachkomm Fritz.
Schwer geladen kam er von Berlin bei Bernau,
´ne Afrikanerin im kurzen Schlepp am Tau.
Die beiden haben sich auch gleich sakral getraut,
den Krug aufgemacht, ein schwarz-weißes Kind gebaut.
Schlag auf Schlag, hopphopp, kam eins ums andre dazu.
Der Vater, im Taumel, blau vor Glück, schrie: „Juhu!"
Jahr um Jahr ließ er´s in der Heide wild krachen.
Seine Kundy konnte nur mühsam noch lachen.
Doch Fritze, sonst helle, war dafür taub und blind,
wie Zickenchulzes aus Bernau eben so sind.

Heimlich, die Kundy fragt´s in die Inselstille:
„Du lieber Gott, sag mir, ist das denn mein Wille?"
Am Steilufer sah man sie immer öfter stehn,
als wollt sie geradewegs übers Wasser gehn.
Eines Morgens schrie doch Zicken-Schulze vor Schreck:
„Mann, deine Frau, Kinder, eure Mutter ist weg!"

Von Stund an blieben im Krug Tür und Fenster zu,
wo eben noch Leben war, herrscht jetzt Grabesruh´.
In seinem Kutter und ohne Abschiedstrara
sind Fritz und die Kinder quermeer gen Afrika.

Kommandeuse

Auf dem Tempelberg hat Ilse Wieck das Sagen,
selbst ein zu Putbus würde kein Veto wagen.
Sie vertritt im Schloss sich die Beine,
hält die Chose von Grund auf reine.
Bläst sie „Halali", geht´s auf zum Staubkorn jagen.

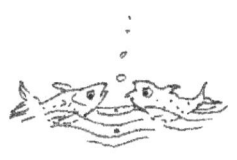

Gezeitenwechsel

Basti aus Bayern fuhr mit Resi nach Göhren.
Kein Berg, nichts mehr, sollte mehr zwischen ihnen stehn.
Am Meeresufer würde sie ihn erhören,
ewigliche Lieb und Treu wollt er ihr schwören.
Von Stund an sollt´s einig und ewig aufwärtsgehn.

Da ist es im *Plattfisch*, dem Strandcafé, passiert,
– vorm Fenster knattert Europas Fahne im Wind
dass ein Fischkopp-Gigerl Bastis Braut anvisiert
und Resi, bedenkenlos, sich an ihn verliert.
Da geht es dahin, fremd umfasst, das schöne Kind.

Was soll der Mann da sagen, was soll er machen?
Eben bricht über ihm sein Weltbild zusammen.
Im Wasser kann auch kein Gott Feuer entfachen.
Doch da durchflutet ihn ein weibliches Lachen
eine nordische Göttin lässt ihn entflammen.

Nachsage

Wir wollen den Freese aus Ralswiek gern loben,
ohne ihn wär´ der *Dirham-Schatz* ungehoben.
Er hat uns im Dusel oft vertellt,
dass er im Traume die Münzen zählt.
So bleibt der Norden mit dem Osten verwoben.

Gemütswechsel

Schloss Spyker prangt in schwedischem Falunrot .
Ist´s gar Feldherrenblut von Graf Wrangels Tod?
Der Henker kam nachts übers Wasser;
als er ging, war der Hitzkopf blasser.
Derzeit ist hier Gleichmut das ob´re Gebot.

Retrospektive

Vor den Türen der *Weißen Stadt*
blüh´n Rosen, meist mit rotem Blatt.
Schau doch mal auf im Vorübergehn,
bleib in der Mitten des Circus stehn.
Um den Obelisk die Winde weh´n.
Ringsum ist hier ein einzig Ort.
Verbiete dir nur jedes Wort.
Vergess´ne Zeiten dich umrauschen.
Still. Hörst du die Geschichte plauschen?
Vielleicht gelingt´s, was abzulauschen.
Willst du dann nicht länger bleiben,
lass dich mit den Wolken treiben.

Ferne Nähe

In Sassnitz, wo die Schiffe nordwärts fahren,
hat Mathildchen doch vor zwei Handvoll Jahren,
über Nacht die Jungfräulichkeit verloren.
Neun Monate hin hat sie Paul geboren.
Der Vater war den Insulanern bekannt.
Name und Adresse wurden nie genannt.
Den Paul trieb´s zeitig hinaus auf hohe See.
Hildchen sik afrackert för dat Portmonee.
Sie schreibt dem Sohn Briefe, jeden Tag einen.
Beantwortet hat der Decksmann noch keinen.
Nach Feierabend steht die Mutter am Strand,
schaut hinaus aufs Meer und sucht ein bisschen Land.

Dobberworth

Wenn der Mensch von Riesen und Zwergen spricht,
kriegt er nur seinesgleichen zu Gesicht.
Unterirdische mag es wohl geben,
Maulwürfe und das Gewürme eben.
Doch Sagen, die sind zum Nachsagen da,
Vergang´nes ist Gegenwärt´gem stets nah.

Eine Nordriesin in Liebe entbrannt,
wollt´ haben den Fürsten und Rügenland.
Jedoch der bestand auf Monokratie.
Alsbald verlöschte des Weibs Euphorie.
Es sann auf Rache und plante den Krieg:
Jasmunds Bodden zu verlanden zum Sieg.

Sie lud sich massig Sand und Steine auf,
bei Sagard endete des Zornes Lauf.
Ihre Schürze riss, sie verlor die Last,
ein Grab tat sich ihr auf und kein Palast.
Doch mit dem Riesen Scharmak da drunten
hat sie noch ihresgleichen gefunden.

Geh hin zum *Guten Berg,* doch sei nicht dumm,
denn willst du zurück, sieh dich bloß nicht um.
Der Dobberworth – ein zeitloses Nachtstück –
gibt dem Leben, was er hat, nicht zurück.

Rasender Roland

Schon aus der Ferne hören wir ihn schnaufen,
der Kerl frisst Kohle und will Wasser saufen.
Als Futurist rollt er und will nicht laufen.

Nicht einmal Luft hat er in seinen Reifen,
die bedarf er zum Keuchen und zum Pfeifen.
Die Funken sprüh´n, wenn seine Bremsen keifen.

Signal gibt er mit durchdringend hohem Ton:
Hier bin ich! Der Insel größte Attraktion!
Der weiße Dampf wird zur Illumination.

Die Kleinen müssen sich bemerkbar machen,
enormes Feuer können sie entfachen.
Eins ist verboten: Über sie zu lachen.

Abgemustert

Die Freifrau Ilselotte von Lomahr
stieg ab in der Insel Fünf-Sterne-Haus.
Längst hat sie vergessen, wer sie mal war.
Sie kam allein, für'n Baron ist es aus.
Schwarz aufgetakelt segelt sie hinaus,
seine Asche verstreut sie übers Meer,
am Abend schon streckt sie die Fühler aus,
ihr feines Netz blieb noch nie lange leer.
Und schon hat sie wieder einen umgarnt:
Boris Stroganow aus dem Russenland.
(Gesuchter Filou, als Magnat getarnt.)
Ach, hätte sie doch ihr Kalkül gewarnt.
Die Saison später an gleicher Stelle,
verschluckt ihre Asche eine Welle.

Schwanengesang

Der Rüganer ist ein eigner Menschenschlag,
ich hätte ihn gern um mich, nicht jeden Tag.
Wir würden vornehm schweigen wie die Fische,
bei der Arbeit, im Schlafe und bei Tische.
Auf wildem Wasser wie auch auf festem Land
steckt kein Rüganer den Dickkopp in den Sand.
Auf Dauer ließ er sich nie unterkriegen:
Selbst auferstehen, nicht auf den Knien liegen.
Leben hat er für Freiheit hingegeben,
nun lässt die ihn auf Rügen nicht mehr leben.
Seine Insel, die gehört ihm längst nicht mehr,
anderer Taschen sind voll, die seinen leer.
Was soll er denken, tja, was soll er machen?
Er will nicht flennen und kann auch nicht lachen.
Zäh schweigen wird er, wie über dies und das.
Und über ihn weg wächst karg das Inselgras.

Insel sein

Insel sein, das heißt, Charakter haben,
umkämpft sein und selber kämpfen müssen,
Sirenensang und verschlucktes Klagen,
stillschweigend sich selbst die Wahrheit sagen,
das Salz noch schmecken in Blütenküssen.

Insel sein, das heißt, sich genug zu sein,
seinen flücht´gen Mittelpunkt erfassen,
Fisch zu werden, dann wieder harter Stein,
alle Wasser trinken und dünnen Wein,
festzuhalten und doch loszulassen.

Insel sein, das heißt, bestehen wollen,
tüchtig seinen Standpunkt zu versetzen,
würdig spielen noch die kleinsten Rollen,
auch im Untergehen keinem grollen,
seinen Tod mit tausend Teufeln hetzen.

Holüber

Willst den Äquator überqueren?
Dann hoffe nicht auf Rügens Fähren.
In fünf Minuten oder auch zehn
ist das Übersetzen schon geschehn.
Kein Neptun wird dich unsanft taufen,
rein gar nichts gibt´s an Bord zu kaufen.
Umsonst gibt´s frische Luft und Wasser,
seitab vom Festland ist´s hier nasser.
Und nimmst du Probleme mit an Bord,
sind die gegenüber auch nicht fort.
Da musst du schon übern Jordan fahren,
davor soll dich Svantovit bewahren.

Abschied und Ankunft

Gern würde ich einst über die Insel gehn.
Es würden hier nur Gesträuch und Bäume stehn.
Vom Meer her würden erzürnt die Winde weh'n.

Wie's mir dann wohl zumute wär'?
Wär's Herze mir leicht oder schwer?
Mein Glas, wär's dann voll oder leer?

Gewiss würd' ich noch mal von vorn beginnen.
Würd' mit Ariadne einen Faden spinnen.
Ich würd' wieder kämpfen, um zu gewinnen.

Biografisches

Gunter Preuß, geboren 1940 in Leipzig, gelernter Fernmeldetechniker, studierte an der Ostberliner Fachschule für Artistik. 1970-1973 Direktstudium am Institut für Literatur „Johannes R. Becher", danach freischaffend tätig. Von 1986 bis 1988 unterrichtete er am Literaturinstitut.
Preuß hat sich mit zahlreichen Veröffentlichungen in einigen Genres der Literatur zu Wort gemeldet. Er ist Mitglied des PEN und gehört dem Verband Deutscher Schriftsteller an. Mehrere Preise und Auszeichnungen. Lebt heute in Lützschena bei Leipzig.

Christiane Knorr, geboren 1944 in Leipzig.
Studium an der Hochschule für Grafik und Buchkunst Leipzig, bei Prof. Werner Tübke und Prof. Wolfgang Mattheuer. Abschluss mit Diplom 1969.
Ab 1970 in Leipzig als freiberufliche Grafikerin für Industrie und Handel in Leipzig sowie für den Kinderbuchverlag Berlin tätig.
Nach 1990 Projektarbeit mit Grundschülern und Illustratorin für verschiedene Verlage

Aphorismen sind wie kleine Brücken,
die dich an Wasserläufen
von diesem zu jenem Ufer bringen.
Andre lassen dich an reißenden Strömen
vielleicht eine Furt finden,
wo du dich ins Wasser wagen
und an neuem Ufer Land gewinnen kannst.

www.ingramcontent.com/pod-product-compliance
Lightning Source LLC
Chambersburg PA
CBHW031947070426
42453CB00007BA/495